AF253857

NÉCESSITÉ

D'APPLIQUER

A L'ÉTAT DE LA FRANCE,

EN 1824,

LES VÉRITÉS CONTENUES DANS LA DÉCLARATION
FAITE PAR LES PRINCES

EN DÉCEMBRE 1788.

PARIS,

IMPRIMERIE ANTHELME BOUCHER,

RUE DES BONS-ENFANS, Nº. 34.

1824.

NÉCESSITÉ

D'APPLIQUER

A L'ÉTAT DE LA FRANCE,

EN 1824,

LES VÉRITÉS CONTENUES DANS LA DÉCLARATION
FAITE PAR LES PRINCES

EN DÉCEMBRE 1788.

L'ADMINISTRATION française a été insuffisante pour empêcher la révolution de 89, pour conserver Louis XVI, Louis XVII, les Princes de leur famille ; elle a été insuffisante pour empêcher, en 1815, le mouvement anarchique de Saint-Roch, celui du 20 mars ; elle a été insuffisante pour éviter des occupations étrangères, des contributions plus fortes qu'aucun peuple n'en ait jamais payées, des emprunts usuraires à 50 pour cent de perte ; elle a été insuffisante pour empêcher la famine, les émeutes de 1816 et 1817 ; elle a été

1

insuffisante pour conserver les jours du duc de Berri, le pacte de famille dans les royaumes d'Espagne et de Naples; elle a été insuffisante pour conserver une marine, des colonies, une influence politique analogues au territoire et à la population; elle a été insuffisante pour consolider sa propre harmonie, sa propre stabilité.

Cette administration a été impuissante pour conserver les jours des Princes, pour faire prévaloir dans les destinées humaines la sublime conception de Henri-le-Grand; plusieurs agens du pouvoir sont loin d'avoir secondé un Roi qui ne fut jamais plus habile et plus magnanime qu'en triomphant de ses propres passions, en consacrant son repos et son bonheur au repos et au bonheur du Monde. Impuissante pour assurer le triomphe de la légitimité, celui des vues paternelles de Henri IV, l'administration a montré plus évidemment encore son peu d'efficacité à l'égard de Louis XVI. Qui ne se rappelle les excellentes vues de Louis XVI et l'impuissance de tous ceux qui furent chargés d'en préparer et d'en assurer l'application au bonheur public? L'administration française a-t-elle été plus forte pour assurer le triomphe constant de la légitimité dans la personne de Louis XVIII? Non!

On ne peut dire que les hommes d'État qui ont obtenu la confiance du Roi, depuis 1784 jusqu'en 1791, fussent dépourvus de mérite; il faudra donc chercher les causes de la révolution moins encore dans les défauts des personnes que dans ceux des institutions. L'on peut dire la même chose en 1824.

Un Prince triomphe lorsque ses vœux solennels sont accomplis. Or, pour ne parler que de l'année qui vient de s'écouler, le Roi très-chrétien a déclaré solennellement ne devoir poser les armes qu'après avoir assuré à l'Espagne le bonheur, à l'Europe le repos! Malgré les prodiges de sagesse, de génie, de courage et d'activité du Prince généralissime en Espagne, les vœux du Roi sont loin d'y être accomplis ; malgré la force du traité de la Sainte-Alliance, qui est toujours en vigueur, l'Europe est loin de goûter le repos, la sécurité désirée.

Le Roi, à l'ouverture de la session de 1824, a émis le vœu de fermer les dernières plaies de la révolution; la loi qui devait accomplir ce vœu n'a pas même été présentée! Le Roi a désiré l'amortissement de la dette publique!

La loi par laquelle ce vœu devait être accompli, n'a point été adoptée par la Chambre des Pairs ! Peut - être quelques dispositions de cette loi pouvaient entraîner de graves inconvéniens ; de puissantes autorités ont manifesté cette opinion.

Le Roi a désiré qu'une grande prospérité intérieure reconstituât la prépondérance extérieure du royaume très chrétien. Il résulte des assertions qui ont eu lieu dans les Chambres, que les trois quarts des sujets du Roi seront bientôt réduits à l'impuissance d'acquitter leurs obligations, à l'impuissance de rendre à Dieu ce qui est à Dieu, au Monarque ce qui est au Monarque ! Le Roi a désiré les bienfaits du crédit, ces bienfaits deviennent équivoques ; l'usure dévore les facultés des sujets, ces facultés desquelles Henri-le-Grand, par son édit de 1599, faisait dépendre la richesse et la force des Etats des Princes souverains.

Le Roi a désiré que la France eût la supériorité dont elle est digne. Dans ce royaume, aujourd'hui 5 francs de rente dus par l'État ne représentent qu'un capital de 98 francs ; 5 fr. de rente dans les fonds anglais représentent au moins 140 francs de capital. Ainsi notre crédit n'a que les deux tiers de la puissance de celui de nos voisins; celui d'Espagne est dans un état d'infériorité déplorable.

Le Roi a désiré que les Députés, les Pairs de France attachassent leurs noms aux bienfaits qu'il voulait répandre sur le peuple; les Députés et les Pairs ont partagé les vues du Roi; l'univers a retenti de l'expression de ces vœux et de ces promesses; l'univers déplore leur défaut d'accomplissement.

Le Roi a désiré l'union, l'harmonie de tous ses sujets; l'union n'a point existé; les hommes d'État qui tenaient le premier rang dans l'administration se sont portés des coups qui les ont traversés en tous sens, au point d'affecter l'autorité suprême qu'ils étaient chargés de représenter. Dans le sanctuaire de la justice, dans le sanctuaire des lois, dans la Cour royale de Paris, dans les Chambres des Pairs et des Députés, le défaut d'harmonie a été manifeste. Les journaux, organes des différentes opinions, faussent dans les intérêts de leur parti la ligne monarchique et constitutionnelle. L'étranger, qui juge d'après nos journaux l'état de l'opinion en France, le crédit, le pouvoir et la considération dont cette opinion doit environner, fortifier les Princes de la dynastie régnante ; l'étranger ne peut être plus juste ou plus respectueux que nos propres journaux, que les propres organes de nos sentimens, dont l'assemblage confus a, quoique l'on en dise, plus d'un rapport avec les ouvriers de la tour de Babel.

Une influence secrète mine sourdement les bases de notre édifice social. Deux hommes célèbres, réunis suivant le vœu du Roi pour consolider cet édifice, n'étaient point assez puissans lorsqu'ils agissaient en harmonie pour l'Etat et le Souverain ! Que seront-ils étant désunis, irrités, obstinés à se nuire, à se déconsidérer réciproquement ? Ils seront ce qu'ont été nos ministres en 1784 ! Alors comme aujourd'hui la France avait dicté une paix glorieuse. Alors comme aujourd'hui tous les hommes d'Etat croyaient pouvoir être garans de l'avenir de la monarchie, du maintien du pacte de famille, de l'abaissement des rivalités étrangères, de la compression de l'anarchie intérieure.

Un Prince excellent, dont le plus grand défaut fut peut-être d'avoir trop de confiance dans les agens de son autorité, et de n'en pas avoir assez dans son propre jugement, dans celui de la Reine, dans celui des Princes de sa famille ; un Roi qui méritait les hommages du monde par sa douce piété, ses vertus privées, son amour de l'humanité et du bonheur public ; ce Roi vainqueur et pacificateur, entouré de respects sincères et de bruyantes acclamations en 1789, est chassé de son palais en 92, périt sur l'échafaud en janvier 93 !

Après cette terrible catastrophe, les vanités, les préventions, la suffisance sont toujours les mêmes ! Entendez l'histoire des personnages tant soit peu marquans qui se sont trouvés placés de manière à être dépositaires de la plus faible partie de l'autorité publique ; ils disent hardiment que si les Princes leur eussent donné carte blanche à eux et aux hommes de leur coterie, leur parti aurait empêché la ruine de la monarchie qui croulait de toutes parts avec un épouvantable fracas ; de la monarchie qui était minée dans ses bases par la main infatigable de l'anarchie.

Il fallait des institutions nationales capables de réunir tous les élémens de la force et de la prospérité. Qu'ont fait la plupart du temps les ambitions personnelles ? rien sous le rapport des institutions secondaires qui devaient mettre un terme au discrédit du pouvoir, aux progrès de l'anarchie. J'ose le dire, la révolution française a eu lieu parce que les fils de Henri IV n'ont point été assez confians dans leur propre force et leurs propres lumières. La première institution, celle de la famille, doit être le modèle de toutes les autres. Quand Louis XIV et Louis XV, dans leur jeunesse, ont agi par eux-mêmes, la France heureuse et respectée les a bénis ; quand une certaine lassitude est résultée de la prolongation du pouvoir, de l'âge, des infirmités, des intrigues toujours renaissantes dans les cours, le bonheur et la gloire ont décliné en raison directe du défaut de participation réelle du Prince aux affaires. En pareil état, quel est l'appui du père souffrant, son fils aîné ; si le fils est trop jeune, c'est le premier parent. Si les principaux agens du pouvoir interposent leur influence entre le chef, son fils ou son premier parent, il y a danger pour l'État et la famille régnante ; il y a faute de la part des agens du pouvoir. Sous ces rapports, MM. de Maurepas et Necker ont fortement contribué aux malheurs de la France.

Les vertus de Louis XVI, sa confiance, occasionnèrent plus de mal au Royaume que les vices et la défiance de Louis XI, parce qu'au moins la défiance de Louis XI le portait à voir, à étudier par lui-même. Louis XVI fut trop confiant dans les ministres, trop peu dans sa personne et sa famille. Ce défaut d'harmonie fut la conséquence du manque de plan fixe et général approprié à la grandeur des circonstances et à tous les inconvéniens contre lesquels on avait à lutter sur tous les points.

Les torches de la Discorde sont-elles éteintes dans la chrétienté, parmi ceux qui en sont les arbitres? parmi les grands qui furent trop souvent les victimes de cette discorde? Les intérêts privés n'ont-ils pas déjà, dans nos discussions, pris un degré de violence tel, que tout leur est subordonné, et que la voix impartiale du bonheur public est étouffée? Dans ces graves circonstances, exprimer les vœux et les besoins de la chrétienté est un devoir; il nous dit, ce devoir, que, pour assurer le triomphe de la légitimité, il est urgent que tous les Princes de la Maison de Bourbon, que tous les Princes catholiques, que toutes les Puissances signataires des traités de Vienne, de la Sainte-Alliance, d'Aix-la-Chapelle, se rattachent fortement, irrévocablement à la sublime conception de Henri-le-Grand, retracée en septembre 1815 par la Sainte-Alliance. Que l'administration, suivant l'exemple des Princes, donne, à son tour, à toutes les familles, le modèle du concours nécessaire pour accomplir la volonté royale, satisfaire les vœux et les besoins des peuples. J'en adresse au Ciel, à la divine Providence, aux augustes personnages qui la représentent ici-bas, l'instante prière. S'il fallait encore justifier les motifs qui me font adresser cette prière insolite dans les cours, les faits se présenteraient avec une force, une abondance, une puissance de conviction déplorables, qui montreraient à quels dangers nous expose l'absence d'une volonté constamment dominante, *d'une hiérarchie sans lacune.* Les tendances peuvent, comme en 1784, arriver à un point tel que, pour en triompher, il faudra un génie et un courage que la grâce de Dieu accorde rarement.

Le mémoire présenté au Roi en décembre 1788, par Monseigneur, comte d'Artois, M. le prince de Condé, M. le duc de Bourbon, M. le duc d'Enghien, M. le prince de Conti, fait sentir combien il importe au bonheur public qu'il n'existe point de lacunes dans la hiérarchie des pouvoirs, des rangs ; dans la considération, le crédit du domaine éminent des Princes ; en un mot, dans la faculté de diriger les hommes et les choses vers le bien général.

Qu'il me soit permis de citer un extrait de ce mémoire, dont l'autorité peut aujourd'hui trouver son application au milieu des oscillations et des discordes ministérielles ; au milieu de l'effervescence des opinions, qui n'est pas moindre aujourd'hui qu'en 1784, et qui bientôt s'accroîtra comme elle s'était accrue en 1788, par le défaut d'influence supérieure.

C'est aux Princes du Sang, qui par leur rang sont les premiers des sujets, par leur état les conseillers nés, par leurs droits intéressés à défendre ceux de la majesté suprême ; c'est à eux surtout qu'il appartient de dire la vérité, et ils croient devoir également compte au Roi de leurs sentimens et de leurs pensées.

L'Etat est en péril ; la personne du Monarque est respectée, ses vertus lui assurent les hommages de la nation ; mais une révolution se prépare dans les principes du Gouvernement ; elle est amenée par la fermentation des esprits.....

Tel est le malheureux progrès de cette effervescence, que les opinions qui auraient paru, il y a quelque temps, les plus répréhensibles, paraissent aujourd'hui raisonnables et justes; et ce dont s'indignent aujourd'hui les gens de bien, passera, dans quelque temps peut-être, pour régulier et légitime. Qui peut dire où s'arrêtera la témérité des opinions?

Le Monarque, s'élevant par ses vertus au-dessus des vues ordinaires des souverains jaloux et ambitieux de pouvoir, a fait à ses sujets des concessions qu'ils ne demandaient pas; il les a appelés à l'exercice d'un droit dont ils avaient perdu l'usage et presque le souvenir. Ce grand acte de justice impose à la nation de grandes obligations; elle ne doit pas refuser de se livrer à un Roi qui s'est livré à elle. Les charges de l'Etat, sanctionnées par la volonté publique, doivent être supportées avec moins de regret; la puissance royale plus réglée, et conséquemment plus imposante et plus paternelle, doit trouver de zélés défenseurs dans les magistrats qui, dans les temps difficiles, ont été les appuis du Trône, et qui savent que les droits des Rois et de la patrie sont réunis aux yeux des bons citoyens.

« Il se montrera encore avec énergie, ce sentiment généreux qui distingua toujours les Français, cet amour pour la personne de leur Roi, ce sentiment qui, dans les monarchies, est un des ressorts du Gouvernement, et se confond avec le patriotisme, cette passion, cet enthousiasme qui, parmi nous, a produit tant d'actions héroïques et sublimes, tant d'efforts et de sacrifices que n'auraient pu exiger les lois. »

Les Princes se plaisent à parler le langage du sentiment; il leur semble qu'ils n'en devraient jamais parler un autre à leur souverain. Tous les sujets du Roi voient en lui un père; mais il appartient particulièrement aux Princes du Sang de lui donner ce titre; la reconnaissance même leur en inspire les instances qu'ils font auprès de Sa Majesté.

Puisse Sa Majesté écouter le vœu de ses enfans, dicté par l'intérêt le plus tendre et le plus respectueux, par le désir de la tranquillité publique et le maintien de la puissance du Roi le plus digne d'être aimé et obéi, puisqu'il ne veut que le bonheur de ses sujets.

Il fallait un immense concours pour le triomphe de ces maximes, il le faut encore.

En 1784, la France, embellie des lauriers de la victoire et de toutes les prospérités, signait une paix honorable. Tout semblait devoir présager un heureux avenir; confians dans la suprême légitimité de leurs droits, dans celle de leurs intentions, les Princes se reposaient sur les ministres du soin d'entretenir leur domaine éminent qui consiste dans le droit de diriger les hommes et les choses vers le bonheur public; les ministres et autres agens du pouvoir furent éblouis par l'éclat du dépôt qui leur était confié; ils ne virent trop souvent dans la gloire et la fortune du royaume qu'un ensemble de biens tellement immense, qu'ils crurent pouvoir sans inconvénient détacher de cet ensemble quelques portions qui augmentassent leur gloire et leur fortune personnelles. Chacun alors songea à se partager les fruits de la victoire, très peu s'occupèrent à les conserver. Les hommes prévoyans furent écartés comme des importuns de sinistre présage... Mais bientôt le domaine éminent des Princes fut altéré par les passions vulgaires, par ces passions que les hommes ont eu dans tous les temps, dans tous les lieux; par ces passions qui fomentent les grandes révolutions et qui ont fait dire à Montesquieu : « Les mêmes causes produisent les mêmes effets, il n'y a que les occasions qui soient différentes. »

Le pouvoir abandonné aux ambitions subalternes perdit insensiblement quelques por-

tions de sa force et de sa majesté; l'ensemble
de l'édifice monarchique devint incomplet;
au lieu de l'harmonie qui devait réparer toutes
les brêches que lui faisaient les passions habi-
tuelles des cours, la discorde vint accroître les
funestes dangers de l'imprévoyance. Chaque
dépositaire du pouvoir voulut que sa gloire
personnelle demeurât intacte, et rejeter sur
un rival les causes des embarras qui entra-
vaient la marche de l'autorité royale. Insensiblement les partis se formèrent, les chefs ne
leur manquèrent jamais, et les Séïdes ne man-
quent jamais aux chefs qui se mettent à la tête
d'un parti. Les adversaires combattirent d'a-
bord aves mesure; bientôt la fureur des com-
battans ne connaissant plus de bornes, lança
des traits multipliés à l'infini; le champ de
bataille politique devint un champ d'exter-
mination; les meilleures réputations y suc-
combèrent sous les coups de l'aveugle fureur.
Le plus grand nombre des hommes d'Etat,
percés de part en part, n'offrirent plus l'égide
qu'ils devaient présenter, et les coups qui leur
étaient destinés les traversèrent, et passant
au-dessus de leurs têtes, atteignirent les rangs
qui étaient placés derrière et au-dessus des
personnages ministériels.

Fasse le Ciel que l'exemple de ce qui est arrivé en 1784 et dans les années suivantes, serve à de meilleures règles pour ce qui doit arriver en 1824 et dans les années suivantes.

Il y a chez nous, comme chez tous les peuples civilisés, une tendance générale des esprits vers les écarts de l'anarchie. Un égal danger viendrait affliger la société si la tendance anarchique était méconnue, si elle était négligée et si elle était attaquée inconsidérément dans ses effets, sans être réprimée dans les causes qui la produisent.

La tendance anarchique emploie des formes tellement séduisantes, qu'il est souvent difficile et presque impossible de faire la distinction de ses écarts avec les développemens des libertés légales et du zèle pour le bien général. Aujourd'hui cependant la raison publique peut rarement être long-temps comprimée par la force ou séduite par des illusions. Il faut des réalités palpables pour fixer tous les intérêts sur la ligne du bien public. Les Princes ont tracé cette ligne; c'est aux grands personnages à donner l'exemple de la fidèle observation des règles. S'ils s'en écartent, les Princes les y rappèlent. Malheur aux pays, aux générations qui n'ont point de règles positives assez précises, assez évidentes pour que toutes les facultés physiques et morales s'y rapportent. Ces pays, ces générations seront en bute à toutes les factions, à toutes les discordes, à toutes les révolutions. Telle fut la France en 1784; s'est-elle améliorée en 1824? Oui! si l'on a un plan général, des règles certaines de bien public, si l'on est fortement décidé à les suivre avec constance. Non! si les causes qui ont produit la révolution française subsistent toujours. Dans le premier cas, toutes les passions viendront se calmer, s'abaisser devant la précision, la majesté des règles; dans le second, elles auront un libre cours, elles produiront leurs effets. Les occasions ne manqueront jamais, elles se présenteront dans nos théâtres, nos bourses, nos journaux, nos chambres, et même dans les résidences royales.

Pour tracer un plan et des règles d'après lesquels nos institutions pourraient aujourd'hui se consolider, il convient de jeter ses regards sur le nouvel ordre de choses qui domine la France et l'Univers. Ce nouvel ordre présente d'un côté de nouvelles garanties, de l'autre de nouveaux dangers.

Dans ce nouvel ordre, trois grandes consi-

dérations se présentent : une irritation ex-
traordinaire, comme la révolution à laquelle
elle succède, comme la nouvelle révolution
qu'elle prépare. La liberté est aujourd'hui
pour l'Europe ce que fut, il y a deux siècles,
la religion réformée. De grands débats auront
nécessairement lieu; il faut un ensemble d'institutions qui préserve le peuple d'être victime
de ces débats, qui nous préserve de l'en rendre
l'arbitre; entre ces deux extrêmes, le danger
est plus grand qu'on ne pense. Quelles causes
ont fait périr Henri III, Henri IV, Louis XVI,
le Duc de Berri? Quels hommes ont été les
instrumens de la mort de ces Princes? ce sont
des hommes du peuple. Il faut un ensemble
d'institutions qui s'attache à chacune des
causes qui ont pu mettre le poignard à la
main des assassins.

L'oubli des vrais principes religieux, le
spectacle des misères publiques, des discordes
civiles, des invasions étrangères, des maux
qui en sont les suites, celui des famines, des
impôts disproportionnés avec les facultés du
peuple, la rareté excessive de l'argent, qui
réduisent ce peuple à l'impossibilité d'acquitter les obligations et les charges publiques;
des injustices prétendues ou réelles, des mo-

tifs de plaintes vrais ou faux, les inquiétudes vagues, l'immoralité, l'inconduite, voilà bien des causes diverses et d'une mauvaise action et d'une grande révolution : quand ces causes existent à un trop fort degré, les mauvaises actions sont fréquentes, les grandes révolutions en deviennent des effets presque inévitables.

Le grand art de l'administration est d'avoir l'œil toujours ouvert, la main toujours active sur l'intensité et contre les effets de ces causes qui existent toujours plus ou moins. Il était extrêmement facile, en 1784, d'affaiblir ces causes, de les comprimer au point de les rendre presque nulles ; la chose était beaucoup plus difficile en 1788, encore plus en 1789, presque impossible en 1792 ; l'événement du 10 août l'a prouvé. Suivant un historien, trois cents cavaliers, bien dévoués à la cour, auraient pu, le 10 août, faire pencher la victoire d'une manière décisive en faveur de la légitimité contre les insurgés. Il semble qu'une telle assertion présenterait un reproche indirect contre les sujets du Roi qui étaient passés à l'étranger pour combattre plus efficacement l'anarchie. Telle n'a pas été l'intention de l'auteur. Les hommes des hautes classes que l'émigration avait éloignés, étaient au moins des chevaliers; dans la fatale journée du 10 août, ils auraient été réunis au nombre de plus de trois cents autour du palais. Ils auraient été trop imprévoyans en l'abandonnant... Pour le repos et le bonheur de la France, il importe d'éviter qu'on ne rende tant soit peu fondé le reproche que Carnot a fait à cette émigration. Nous pensons que l'histoire, en approfondissant la vérité, dira un jour : L'émigration a été déterminée par l'opinion dominante, que la force intérieure ne pouvait suffire au maintien de l'autorité monarchique. Il s'ensuivait que les causes de révolution ne pouvaient être réprimées que par de nouvelles institutions, propres à consolider et à perfectionner celles qui existaient alors, en les complettant suivant le besoin du jour, en les appropriant au nouvel ordre de choses qui, après la guerre d'Amérique, allait dominer la France et agiter toute la chrétienté. Il est donc malheureux qu'on ne se soit pas occupé d'un ensemble d'institutions nécessaires à l'état des choses.

Le devoir que les bons Français, les écrivains avaient à remplir en 1784, je tâche de le remplir en 1824.

Ce qui était le plus difficile après la paix d'Amérique n'était point de fonder les institutions appropriées au nouvel ordre, mais bien de persuader aux dépositaires du pouvoir que les institutions existantes étaient insuffisantes. L'ensemble des institutions que nous proposons est formé d'après l'ensemble des causes qui ont amené la révolution française, et qui, de nos jours, peuvent amener de nouvelles vicissitudes non moins redoutables. En 1823, comme en 1783, les institutions complémentaires ne demandaient que de l'étude, de la prévoyance, une connaissance exacte de l'état des choses et des inconvéniens qu'elles devaient présenter. Ce qui était difficile il y a quarante ans était donc de présenter, de faire agréer un plan aussi fort, aussi étendu, dans son ensemble, que l'étaient dans le leur les inconvéniens auxquels il importait de remédier. La même difficulté existe aujourd'hui; les inconvéniens sont-ils moindres?

Le sort de la France a dépendu, il y a quarante ans, d'un banquier étranger qui est devenu ministre; il a dépendu en 1818 des banquiers divers qui imposaient leurs lois rigoureuses à nos ministres. Les banquiers

n'ont-ils aucune influence dans l'administration actuelle? Qu'on réfléchisse à la discussion de la loi malheureuse sur les rentes en
avril et mai 1824; aux oscillations, aux débats ministériels qui compromettent la force,
l'unité de l'action, le pouvoir souverain en
juin et juillet; et l'on sera intimement con-
vaincu que la légitimité en France a besoin
de garanties supérieures à celles qui sont présentées par la puissance du ministère, quelque habileté qu'on lui accorde.

Les vœux émanés du trône sont-ils mieux
secondés qu'ils ne l'étaient alors? Les Princes
ont-ils plus de crédit personnel? La hiérarchie des pouvoirs est-elle plus intime? Les
plans généraux d'harmonie sont-ils mieux
conçus, mieux tracés; les obstacles sont-ils
mieux prévus, mieux aplanis?

Les caractères de sainteté, de sagesse, de
bonté, de loyauté et de grandeur, de majesté,
de paternité, qui ont fait admirer Louis IX,
Charles V, Louis XII, Henri IV, Louis XIV,
Louis XVI, sont-ils mieux retracés dans la
marche actuelle de l'administration?

Voit-on mieux se réaliser universellement
les volontés, les obligations que le Roi actuel,
S. M. Louis XVIII, a exprimées pour le bon-

heur de l'Espagne, le repos de l'Europe; pour l'amortissement de la dette, l'indemnité aux familles qui ont éprouvé des pertes; pour l'union des Français, l'honneur, la prépondérance du Royaume; pour la prospérité intérieure de ce Royaume dont la richesse des campagnes est le premier indice?

Le Gouvernement du Roi très chrétien est-il subitement devenu l'arbitre puissant et respecté des influences contraires, qui, au mépris de l'acte solennel de la Sainte-Alliance, menacent, agitent ou ébranlent les peuples et les trônes? Notre crédit est-il comparable à celui de l'Angleterre?

En un mot, le Gouvernement français présente-t-il aujourd'hui plus qu'en 84 le principe, le modèle et la garantie de l'union, de la force, de la considération? Peut-il aujourd'hui, mieux qu'alors, mépriser les institutions qui tendent à produire cette union, cette force, cette considération?

Les auteurs qui ont soumis des institutions n'avaient aucun moyen d'influence sur les événemens, et les événemens ont eu lieu suivant la prévision des auteurs. Les agens du pouvoir avaient les moyens de faire ce qu'ils annonçaient devoir être fait, et les événemens ont mis en défaut leurs prévisions et leurs moyens et les agens refusent l'appui des auteurs.

Cette circonstance n'est-elle pas digne d'une certaine attention : la masse du peuple est-elle assez heureuse pour dédaigner l'argent que lui offrirait aujourd'hui, comme dans le principe de la révolution, la main corruptrice d'un ennemi intérieur ou exterieur ?

Cet ennemi n'aurait-il aucuns partisans, même dans les hautes classes de la société ?

Des personnages célèbres qui appartiennent à ces hautes classes n'y formeront-ils point des partis ? n'y secoueront-ils point les torches de la discorde qu'ils tiennent à la main ?

Quand les hautes classes de la société seront divisées, quels moyens resteront au Gouvernement pour le triomphe de l'harmonie, pour la répression des progrès de l'anarchie ?

Tâchons donc encore, par l'expression légale de nos besoins et de nos vœux, par nos instantes prières d'appeler, comme nous aurions pu le faire en 1784, les regards de la puissance sur le tribut que nous lui offrons.

Au nom de ce que nous avons de plus cher au monde, osons conjurer, comme on aurait pu le faire en 1784, les Princes d'avoir une participation constante à la marche progressive des arts de la guerre et de la paix, à la connaissance des affaires générales. Si les Princes eussent été, en 1784, dans la position où j'ose exprimer le vœu et le besoin de les voir, en 1824, ils n'auraient point inutilement, pour le triomphe de a monarchie, adressé leur Mémoire au Roi en décembre 1788. Que dis-je, ils n'auraient jamais été dans la pénible obligation d'adresser ce Mémoire qui signalait aux yeux de l'Univers attentif d'aussi importantes lacunes dans l'harmonie sociale du Royaume très chrétien.

Il faut donc, en 1824, accomplir ce qu'il était urgent de faire en 1784, afin qu'il n'arrive point en 1828 et 1829 ce qui est arrivé en 1788 et 1789. Sinon il est évident que les mêmes causes produiront encore les mêmes effets. C'est flatter les Princes et les peuples d'une illusion extrêmement dangereuse que de prétendre que les occasions de révolution ne se présenteront plus comme elles se sont présentées. C'est dire à une famille placée au milieu des feux étincelans et des matières combustibles : « Ne vous occupez pas de l'idée qu'un incendie soit possible. » C'est dire aux officiers d'un vaisseau flottant sur une mer

orageuse et semée d'écueils multipliés : « Ré-
jouissez-vous, Messieurs, dormez en repos !
N'allez pas être assez ennemis des douceurs de
votre existence pour les troubler par l'exemple,
par le souvenir des naufrages précédens. »

Quand l'incendie est allumé, quand le
vaisseau est battu par la tempête, le trouble
et la confusion réduisent à l'impuissance ceux
qui n'ont point voulu recevoir d'avis ; ceux
qui, imprévoyans par eux-mêmes, n'ont pas
voulu qu'une autre prévoyance suppléât à ce
qui manquait nécessairement à la leur, de
quelque supériorité de génie qu'on puisse
supposer que le Ciel les ait favorisés.

Aux Princes se trouvent donc encore ré-
servés le pouvoir et le devoir de tempérer l'é-
garement des opinions, de présenter l'exemple
de l'accomplissement des obligations réciproques qui seul peut maintenir l'ordre social ; les
Princes donneront enfin l'essor régulier aux
sentimens généreux qu'ils tâchaient de faire
prévaloir en 1788 ; alors ils seront dignement
secondés ; ils jouiront de la fortune de Henri-
le-Grand ; ils la rendront *plus constante* par
l'harmonie à laquelle tous les rangs concour-
ront suivant leurs facultés.

SORT (1) DES BOURBONS,

PARTI PROPORTIONNÉ AUX VOEUX DE CHARLES X.

Louis XVI, puissant comme Charles X, eût triomphé en suivant un parti proportionné à ces vérités : chaque jour d'erreur ou d'indifférence ôte une année à la dynastie des Bourbons, qui, sur le bord du précipice, est bercée par de flatteuses illusions ; chaque minute ôte un jour aux ministres qui sont constitués agens et conservateurs des prérogatives et de l'élévation de la dynastie ; chaque événement enlève ou paralyse une faculté, et l'ensemble des événemens doit réduire à l'impuissance l'ensemble des facultés des princes, des ministres et des sujets.

Plutôt pour aider et pour sauver les Princes et les ministres que pour les contrarier ou les ébranler, beaucoup d'écrits mettent au grand

---

jour cet état de ruine, mais très peu offrent des moyens précis de conservation, de restauration. Le peu d'écrits qui offrent ces moyens sont dédaignés sous la dénomination bannale de rêves d'hommes de bien, comme si la pratique devait restreindre le bien à la théorie dans laquelle il existe évidemment; et l'on ne songe pas que le dédain de ce propos accuse encore plus les administrations que les écrits. Quelquefois les auteurs, après avoir consacré au bonheur public, leurs jours, leurs nuits, leur fortune, sont traités, par l'administration, avec plus de rigueur que la justice ne traite les grands criminels. Ces hommes utiles sont jugés et condamnés sans être entendus; la mort politique qu'on leur fait subir, est plus douloureuse que la mort physique donnée au criminel par la hache du bourreau. L'écrivain qui a prévu les malheurs, qui a indiqué les moyens de les prévenir, l'homme studieux, qui a vu et démontré comment le bien pouvait s'opérer, gémit de n'avoir pu se faire entendre, et craint de troubler l'ordre en disant toute la vérité avec force: ainsi, mis à la torture, calomnié, jugé, condamné, sans être entendu par ceux qui ne veulent ou ne savent ni bien servir leur pays, ni permettre que d'autres s'acquittent de ce devoir, le sujet est détruit par ceux mêmes qui devraient l'encourager. Mais toujours l'injustice est punie, et souvent au point de faire gémir encore celui qui en est vengé : tels furent les destins de Sully, de Fénélon et d'autres sujets fidèles.

Quelques écrivains mortellement blessés, terminent douloureusement et inutilement dans la retraite, des jours qui auraient pu être employés au triomphe des Princes et de la patrie ; d'autres, moins résignés, renversent les juges avant de subir le jugement. Tels hommes modestes auraient, par leurs talens, leur éloquence, la grandeur de leurs plans, la précision de leurs vues, rendu toutes les opinions unanimes, auraient applani toutes les difficultés qui obstruent la marche du pouvoir : eh ! bien, ces hommes, irrités par d'injustes mépris, au lieu d'être, comme ils le désiraient sincèrement, d'utiles auxiliaires, deviennent des ennemis redoutables. Enfin l'administration commet la faute que commettrait une armée qui tuerait une partie de ses éclaireurs, en frapperait une autre de nullité, et réduirait le surplus au désespoir qui fait les perturbateurs et quelquefois les traîtres. Les suites nécessaires de cette faute, sont la confusion, les surprises, les catastrophes.

Grand Dieu! daignez mettre un terme aux dangers qui nous menacent, ou à l'aveuglement du pouvoir qui s'obstine à les méconnaître! Notre prière est dédaignée! On joue et l'on s'endort sur le volcan des révolutions! L'incendie est allumé! ceux qui doivent l'éteindre frappent, éloignent ceux qui appellent et offrent des secours. L'on dégrade, l'on irrite les masses dont il faudrait se servir ; les masses qui bientôt vont devenir les arbitres des destins du monde, par la maladresse de leurs directeurs. Le génie de Henri IV nous ôte ses bienfaits, et ne nous laisse que ses malheurs ; les Bourbons seront punis des trompeuses illusions, elles feront place aux plus terribles réalités ! Enfin, les suites de la discorde et de la confusion seront telles, que le sort de la France et celui de la chrétienté exténuées, dépendront du caprice d'un soldat, de la direction fortuite d'un boulet.

Tel est le langage peu flatteur, mais véritablement religieux et patriotique, qu'un Français, un Espagnol, un Napolitain éclairé, zélé, comme Fénélon et autres bons modèles, aurait dû franchement adresser aux Princes et aux ministres des maisons de Bourbon, il y a quarante ans, et à beaucoup d'autres époques : Alger les respecterait aujourd'hui.

Par le temps qui court et qui nous presse, ce langage serait-il déplacé au 14 juillet, au 10 août, aux premiers jours de septembre 1825? le sera-t-il aux mois de janvier et d'octobre qui suivront? Le *Moniteur* du 30 août 1824 peut faciliter la solution de ce grand problème; il nous offre ce document :

« Louis XIV répandit un air de grandeur sur la décadence, qui cependant était, même sous son règne, facile à pressentir. Fénélon l'annonçait déjà en ces termes : « On ne vit plus
» que par miracle ; c'est une vieille machine
» délabrée qui va encore de l'ancien branle
» qu'on lui a donné, et qui achèvera de se
» briser au premier choc. Je serais tenté de
» croire que notre plus grand mal est que
» personne ne voit le fond de notre mal ; que
» c'est même une espèce de résolution prise
» de ne vouloir pas le voir ; qu'on n'oserait
» envisager le bout de ses forces, auquel on
» touche ; que tout se réduit à fermer les
» yeux et à ouvrir les mains pour prendre
» toujours, sans savoir si on trouvera de quoi

» prendre ; qu'il n'y a que le miracle d'au-
» jourd'hui qui répond de celui qui sera né-
» cessaire demain, et qu'on ne voudra voir
» le détail et le total de nos maux, pour pren-
» dre un parti proportionné, que quand il
» sera trop tard. »

Admirons la puissance de ceux qui sont of-
ficiellement chargés du régime de l'opinion !
mais j'ai peine à concilier la franchise du *Moniteur* et la prévoyance des agens du pouvoir, qui trouvent bon que l'univers juge les
caractères de la décadence de la monarchie
sous Louis XIV, offerts par ce *Moniteur* d'a-
près Fénélon ; et que l'univers juge en même
temps ces caractères dans le temps présent,
d'après les quinze mille exemplaires d'un ouvrage dont nous ne connaissons encore aucune réfutation convenable. L'auteur célèbre
nous dit : « Qui a produit tant de mal ? quel
» génie funeste, mais puissant, a maîtrisé la
» fortune de la patrie ? Ce n'est point un gé-
» nie, rien de plus triste que ce qui nous ar-
» rive ; c'est le triomphe d'un je ne sais quoi
» indéfinissable, c'est le succès des petits sa-
» voir-faire réunis. Deux hommes se collent
» au pouvoir, et pour y rester deux jours de
» plus, ils jouent la longue destinée de la

» France contre leur avenir d'un moment :
» voilà tout.

» Il faut sortir promptement de la route
» où l'on s'est jeté, si l'on ne veut arriver à
» un abîme. On peut disposer de soi, on peut
» se perdre, si on le juge convenable ; mais
» on ne doit jamais compromettre son pays.
» Or, le ministère ébranle, par son système,
» la monarchie légitime : peu importe ses in-
» tentions, elles ne réparent pas ses actes.

» Le remède est facile si la maladie est
» prise à temps ; en la laissant aller, elle de-
» viendra incurable. »

Les événemens ont confirmé, avec une trop
malheureuse ponctualité, les traits du génie de
l'illustre prélat. Nous préserve la Providence
de voir se réaliser, avec la même ponctualité, les maux annoncés par l'auteur que nous
citons, comme ayant été à même de juger le
temps présent : *Le Génie du Christianisme,
la Monarchie selon la Charte, le Ministère
des Affaires étrangères, des Relations personnelles avec les plus grands Monarques,*
et un grand nombre d'autres titres à la célé-
brité, le rendront immortel dans l'histoire ;
quoiqu'il ait, comme tant d'autres, succombé
dans l'administration, où, faute d'un plan

général d'harmonie, aucun homme d'état n'a pu se maintenir ; une autre dignité survit à celle du ministère.

Dans les causes plus ou moins prochaines de décadence que signalent deux génies qui ont certainement de l'influence sur la marche des siècles, il en est une surtout qu'il est urgent d'apprécier : c'est la discorde ; son effervescence et sa témérité ne connaissent plus de bornes, pas plus qu'elles n'en reconnaissaient en 1788. Il est urgent d'en signaler les effets, de remonter à l'origine des causes, et d'indiquer, avant qu'il soit trop tard, un parti proportionné à la grandeur du mal, comme le voulait Fénélon ; il est urgent d'adopter un plan général d'harmonie, comme le voulait M. Bertrand de Molleville, qui attribue la révolution française à ce défaut de plan général suivi constamment.

Cette urgence est démontrée par des actes solennels, par les conséquences présentes de ces actes, et surtout par leurs résultats inévitables. Il y aurait absurdité ou trahison à méconnaître ces actes, leurs conséquences, leurs résultats nécessaires.

Nous allons retracer quelques effets de la discorde, puis nous travaillerons à éteindre l'incendie révolutionnaire, que les torches de cette discorde, fortement agitées, allument de toutes parts ; ensuite nous tâcherons de répondre au besoin d'un système complet, des perfectionnemens nécessaires , avoués par le président du Conseil en 1824. Nous montrerons que les Princes ont fourni les élémens désirables pour assurer le triomphe constant de la légitimité , et qu'il n'est point impossible de faire , dans le temps actuel, un usage précis et salutaire de ces élémens.

Nous ne pouvons nous flatter que l'ensemble des mesures proposées dans notre ouvrage , soit aussi vaste que l'ensemble des inconvéniens auxquels il importe de remédier ; mais nous croyons pouvoir répondre qu'il n'est aucune de ces mesures qui ne s'applique aux inconvéniens précurseurs de la révolution de 1789, et qui subsistent encore en 1824.

Nous avons conservé un trop précieux souvenir d'une auguste assurance, et nous avons trop bonne opinion des intentions des ministres, pour estimer qu'il y ait le moindre courage, et , à plus forte raison , la moindre témérité dans l'accomplissement du devoir que nous croyons fermement nous être imposé

aujourd'hui, comme il l'aurait été il y a quarante ans.

La sagesse de Charles X, éclairée comme
celle de Charles V, par l'étude, les discussions; dominante, par une constance im-
perturbable, rajeunira la monarchie de
Louis XIV, et la préservera des catastrophes
qu'ont éprouvées Louis XVI et Louis XVIII.
La discorde subira les premiers effets de l'ascendant de Charles X.

Tous les hommes éclairés, les vrais chrétiens, tous les bons Français, dans les rangs
les plus éminens comme dans les plus modestes, dans les opinions les plus calmes
comme dans les plus exaltées, n'ont pas ou-
blié que la discorde des familles, des sectes,
des partis, a fait tuer Abel, crucifier Jésus-
Christ, assassiner Pompée et César, Henri III
et Henri IV, nos officiers de marine, et la
Princesse de Lamballe, de pauvres labou-
reurs, et de simples artisans; que cette discorde a enveloppé dans la même proscription
MM. Necker, de Calonne, et, depuis quarante
ans, le plus grand nombre des ministres.
Elle a condamné au même exil les frères du
Roi et MM. de Lafayette et Dumouriez. Les
Français n'ont pu oublier que, par suite d'un

aveuglement général, la discorde a poussé sur le même échafaud les royalistes et les démocrates, les amis de l'humanité et ses ennemis, et les filles innocentes de Verdun, et les membres du tribunal révolutionnaire, et les hommes de lettres, et les riches banquiers; la belle madame Dubarry et le vertueux Malesherbes, les ecclésiastiques les plus ignorés et les prélats les plus illustres.

La discorde enfin a poussé sur le même échafaud Louis XVI et le duc d'Orléans.

Elle n'a respecté ni les palais des grands, ni les cabanes des pauvres, ni les fortunes colossales, ni l'indigence, ni les crédits les plus étendus, ni l'espérance de la charité.

La discorde a produit la révolution française, qui a mis en danger tous les trônes, sans en excepter ceux de la Russie et de la Grande-Bretagne.

La discorde secoue encore ses torches ardentes sur la plus grande partie de la chrétienté; elle empêche que les déclarations de Vienne et d'Aix-la-Chapelle, émanées des grandes puissances, produisent leurs fruits désirables et salutaires; elle favorise l'anarchie, menace l'univers d'un nouvel embrasement; elle flétrit les lauriers de la victoire,

tarit les sources de la prospérité et des con-
solations ; elle énerve les facultés de tous les
contribuables, le crédit de tous les États ;
elle rend équivoques la jouissance de tous les
biens, la sécurité de toutes les légitimités ;
elle détruit la confiance, paralyse la circulation de l'argent et des signes qui le représentent, empire la condition des débiteurs
celle des créanciers, et les maux de l'usure ;
elle augmente toutes les craintes, même
celles de l'avarice. La discorde accroît les
besoins et les nécessités (de l'attaque ou de
la défense), les préparatifs de guerre, l'impuissance de la diplomatie ; elle étouffe la
voix de la religion et de l'honneur. La loi
des rentes, qui devait être un bienfait salutaire, est devenue une semence funeste de
discorde, par un mal entendu.

Nous sommes peu disposés à recueillir les
bruits vagues qui circulent, nous voudrions
travailler et dormir sans soucis ; nous aimons
à être confians dans l'avenir, dans la fortune,
comme on l'était en 1784. Cependant, s'il se
trouvait vrai qu'un homme distingué par ses
talens et ses fonctions éminentes, par le rang
qu'il occupe encore parmi les conseillers et
les législateurs de France, pût être compté

au nombre de ceux qui fomentent l'irritation, introduisent la discorde, il serait impossible de reconnaître, dans une semblable
témérité, l'esprit de la monarchie et le génie
du christianisme, la sincérité des louanges
prodiguées aux martyrs, des regrets donnés
au duc de Berry ; il serait impossible de reconnaître le défenseur des principes de la
Sainte-Alliance ; il serait même impossible
de reconnaître les amis vrais de ce génie
qui secondera Charles X. Que les craintes
soient ou non irrévocablement fondées, osons
croire que l'homme distingué contribuerait
au retour de l'harmonie, qu'il serait toujours
au besoin fidèle et zélé pour le triomphe des
maximes qu'il a si bien caractérisées, dès
que l'influence d'un Prince se ferait directement sentir.

S'il était vrai que les hommes qui se disent zélés par excellence pour la patrie, la
constitution, le commerce et les arts, fomentassent la discorde et l'anarchie, qui peuvent
encore renverser, étouffer la patrie et la
constitution, le commerce et les arts, on ne
pourrait s'empêcher de reconnaître, dans le
zèle affecté de tels hommes, une témérité,
un machiavélisme d'autant plus dangereux,

que leurs artifices seraient cachés sous les dehors les plus séduisans. Les vrais patriotes doivent entendre les besoins et les vœux de la patrie exprimés par les Princes, que la loi en constitue les arbitres.

S'il était vrai que les hommes qui, chaque jour avec éclat, se prétendent religieux et politiques, conseillers et administrateurs par excellence, fomentassent les développemens de l'anarchie, de la discorde, et ce, tout en reconnaissant qu'ils sont impuissans pour maîtriser ces développemens; que, trop faibles pour être les arbitres de nos destinées, ils s'attendissent à en être les douloureuses victimes: qui pourrait méconnaître dans ces hommes, la témérité, l'aveuglement, le délire les plus déplorables? Osons-donc, sous tous les rapports, affirmer que les Princes n'useraient point vainement de leur auguste influence pour rallier ces hommes aux maximes consacrées en 1788.

S'il était vrai que le ciel qui, depuis 1814, n'a point fait de miracles pour la stabilité des Ministres en France, se refusât encore, suivant toutes les probabilités, à cette preuve de suprême puissance; s'il était vrai que les Princes, qui sont les délégués du Dieu sau-

veur, fussent peu empressés à sauver les ministres actuels de la fatalité qui a renversé
leurs prédécesseurs, après les avoir fortement
agités; s'il était vrai que l'étranger vît encore
d'un œil jaloux les moyens de prospérité
qui nous restent, et que tant de causes diverses fomentassent les discordes dans nos
rapports intérieurs et extérieurs, que n'aurait-on pas à craindre pour les Ministres et
les administrés? S'il était évident que M. Bertrand de Molleville, ministre – d'état de
Louis XVI, en traçant dans ses annales
les causes de la révolution, eût mis aux premiers rangs, 1°. le défaut d'un plan général
qui aurait dû être constamment suivi; 2°. le
maniement exclusif des affaires du royaume
par M. de Maurepas, et les successeurs de ce
ministre impuissant; 3°. l'oubli des vérités
que les Princes avaient retracées par leur
déclaration en décembre 1788 : n'y aurait-il
point lieu à des rapprochemens?

S'il est évident qu'en juillet 1824, S. Exc. le
Président du Conseil ait fait, avec la plus
grande franchise, un aveu mémorable ainsi
conçu : « Au lieu de poser un système com-
« plet, nous nous voyons obligés, à chaque
» instant, de nous borner aux mesures pro-

» visoires qu'exige la marche des événemens,
» et d'ajourner à une autre époque les per-
» fectionnemens les plus nécessaires, » les
rapprochemens n'auraient-ils point une
grande importance pour Charles X ?

S'il était certain que la France, l'Europe,
la chrétienté présentassent, en 1824, les
symptômes d'anarchie qu'elles présentaient en
1784; que les garanties offertes par la conception de la Sainte-Alliance ne dussent pas
être plus efficaces, pour l'ordre social, que
ne l'a été la conception de Henri-le-Grand:
combien d'améliorations seraient encore à
désirer? et si elles n'ont pas lieu plus qu'en
1788, que n'aurait-on pas à craindre aujour-
d'hui comme alors ?

S'il était vrai, encore sous Charles X,
que les hommes ont eu dans tous les temps
les mêmes passions, que les occasions qui
produisent les grands changemens sont différentes, mais que les causes sont toujours
les mêmes; s'il était probable que la France
dût encore donner l'exemple de cette vérité
comme en 1788, l'état des choses pour-
rait-il long-temps prospérer ? Il faut donc
tâcher de calmer les dissidences au nom des
grands intérêts de l'État, comme les Princes

en exprimaient le vœu en 1788. Si l'on ajour-
nait ce devoir, l'évidence des causes, l'im-
minence des changemens, les occasions qui
les produisent, les passions des hommes qui
accélèrent les occasions, ne seraient-ils pas ce
qu'ils ont toujours été, quand l'influence suprême est inactive, quand les garanties restent sans effet ?

Si l'on ne peut douter de l'existence des
causes, qui pourrait fermer les yeux sur leurs
effets inévitables ? Les devoirs d'hommes
prévoyans, de bons Français, de vrais chrétiens, impérieux en 1784, le sont encore
en 1824: dans ces graves positions la crainte
même chimérique serait moins funeste que
le silence, qui facilite la violation des traités.

Il est donc urgent que, suivant la hiérarchie des devoirs, chacun concoure à remédier aux causes évidentes d'irritation, de
discorde, afin de prévenir leurs effets immi-
nens ; que chacun travaille aux perfectionnemens jugés et déclarés nécessaires par les
Princes et les Ministres.

Il est urgent de sortir d'un état auquel on
pourrait appliquer ce que Fénélon disait de
la vieille monarchie de Louis XIV : « Notre
plus grand mal est que personne ne voit

le fond de notre mal; que c'est même une espèce de résolution prise de ne vouloir pas le voir, et qu'on ne voudra prendre *un parti proportionné* que quand il sera trop tard. » Si les vérités exprimées par Fénélon eussent été mieux appréciées, elles nous auraient garantis des malheurs de la révolution, parce que, dès son temps, on aurait adopté un parti proportionné; celui de Henri IV, adopté par les alliés de nos jours, avait ce mérite des vastes proportions analogues à l'étendue des crises.

Aux premiers rangs des devoirs sont ceux des Princes qui ont les plus grands droits à conserver ; viennent ensuite les devoirs des fonctionnaires et des écrivains qui, suivant leurs rangs et leur génie, sont des puissances ou des guides, des agens ou des éclaireurs. Agissons comme devant Cadix.

La marche à suivre, pour accomplir les devoirs et conserver les droits, n'est point équivoque; elle est irrévocablement tracée par la véritable religion chrétienne, la restauration française, les déclarations de Vienne, de la Sainte-Alliance et d'Aix-la-Chapelle, par l'exemple des siècles, les vœux de Charles X.

Il est urgent que les Princes de la France,

que ceux de l'Europe et de la chrétienté tout entière se prononcent solennellement pour l'observation et le triomphe des règles, desquelles dépend la conservation de tous les droits légitimes. Il est urgent que tout ce qui tend à consolider le triomphe constant de la légitimité dans la personne des Princes dont l'autorité est permanente, ne soit plus exclusivement renvoyé, comme sous M. de Maurepas, aux successeurs temporaires de ce ministre ; que Charles X, et son fils, président à l'harmonie, tel est notre besoin impérieux.

Il est urgent d'adopter un parti proportionné comme le voulait Fénélon, un plan général comme le demandait M. de Molleville, un système complet comme le déclare nécessaire M. de Villèle ; que ce plan complet se coordonne avec les mesures provisoires que la marche des événemens a exigées.

Enfin, il est urgent de ne plus remettre à une autre époque les perfectionnemens reconnus les plus nécessaires par des hommes prévoyans et zélés, et surtout par le Président du Conseil, en juillet 1824 ; autrement les inconvéniens seraient aggravés ; comme il est prouvé qu'ils le furent dans les temps passés.

Aujourd'hui, la base de tous les perfectionnemens consiste dans l'application des règles tracées par un concours d'autorités qui fixe irrévocablement la ligne à suivre : c'est déjà un perfectionnement que cette fixité. Les actes immuables du nouvel avènement, les déclarations européennes doivent enfin rendre moins équivoques nos destinées ; ainsi le veulent les Princes constitués délégués du Dieu-Sauveur, comme le voulaient Henri-le-Grand, et la déclaration de ses descendans en 1788. Voilà ce qui est très positif.

Tout Prince, tout fonctionnaire qui négligerait de participer au concours des facultés humaines qui doit le rendre arbitre de nos destinées, s'exposerait à en être la victime, comme l'ont été, dans tous les temps, les grands personnages, au nombre desquels on compte beaucoup de ministres.

Il est à désirer que les Princes, comme la Divinité, puissent tout connaître, tout entendre ; les Princes alors seront, pour le génie des ministres, ce qu'est le souffle divin pour le génie de tous les mortels ; alors nous sortirons glorieusement de l'ornière des mesures provisoires; les perfectionnemens cesseront d'être ajournés. Toujours les ministres doivent être la providence des peuples, et l'influence suprême des Princes du royaume très chrétien, la providence des ministres; c'est ainsi, et ainsi seulement, qu'il y aura stabilité, harmonie, gloire réciproque; autrement il n'y aura qu'incertitudes, confusion, révolutions.

La France, malgré ses fautes et ses malheurs, est encore placée en tête de la marche du siècle; elle doit en assurer la prééminence ou recevoir les premières atteintes des égaremens du siècle.

Les Bourbons sont placés à la tête de la France, de Naples, de l'Espagne! Il est à désirer que, pour accomplir les hautes destinées des Princes du sang de Henri IV, pour l'harmonie et le salut de la chrétienté, la France, en premier lieu, développe un ensemble de moyens proportionné à l'importance de sa position; qu'elle développe un crédit analogue à celui de la Grande-Bretagne, analogue aux richesses foncières, mobiliaires et industrielles que nous possédons; que les signes représentatifs de ce crédit vivifient toutes les parties du corps social par une circulation bienfaisante qui en assure la conservation, la santé, la force, l'harmonie et la puissance; que cette harmonie se prolonge sur les royaumes de Naples et d'Espagne, malgré les Algériens et leurs auxiliaires.

Il est à désirer que le crédit opère successivement, pour étendre et consolider les facultés des contribuables et toutes leurs prospérités ; qu'il opère enfin pour réaliser la volonté des Princes, pour élever les revenus au niveau des besoins du royaume, d'après le vœu du Gouvernement. Il est urgent que le crédit fasse, pour les améliorations et les perfectionnemens reconnus nécessaires, ce qu'il a fait pour réparer nos fautes, nos malheurs, nos vicissitudes, nos pertes, notre dénûment. L'on a restauré; il s'agit de conserver, de suivre la route par laquelle nos rivaux de 1784 ont triomphé. La tâche est moins difficile, mais elle exige encore un immense concours.

Il est urgent que le crédit français ait, en tout lieu, dans toutes les circonstances, des signes qui le représentent comme il en aurait dû avoir en décembre 1788, en mars

1815 et à tant d'autres époques, pour améliorer, consolider nos destinées.

Le crédit anglais a bien les signes qui
l'ont représenté et fait triompher; l'exemple
n'est point équivoque, malheur à qui préten-
drait l'imitation impossible !

L'Angleterre, la Russie, toutes les puissances qui ont signé les traités de Vienne,
d'Aix-la-Chapelle, de la Sainte-Alliance ;
tous les États qui ont directement ou indi-
rectement adhéré à ces actes, sont intéressés
à ce que la France termine tout ce qu'elle
peut faire pour offrir le principe, le modèle
et la garantie de l'observation des traités et
de l'harmonie chrétienne. En agissant aussi
bien que l'on peut dans cette utile carrière,
il serait honorable et précieux d'être sur-
passé par d'heureux rivaux.

Toutes les puissances sont intéressées à ce
que la France étouffe dans son sein, comme
elle aurait dû le faire en 1784, tous les germes
d'anarchie, toutes les torches de discorde,
tous les symptômes de révolution, toutes les
étincelles d'incendie.

La France, et tous les États de la chrétienté
sont intéressés, comme en 1784, à se préserver des commotions, des surprises qui ont

produit tant de vicissitudes, de ruines, de
sang, de larmes, de combustions.

Quand notre puissance financière éprouve
l'effet des vicissitudes, elles anéantissent les
facultés des contribuables, l'anarchie prend
de nouvelles forces : bientôt nos alliés nous
sont moins attachés, nos rivaux nous portent
moins de respect.

Les Princes de la maison de Bourbon sont
aujourd'hui appelés à surpasser leurs aïeux,
il faut des moyens proportionnés à ce devoir :
l'honneur qu'ils montrent donne le crédit, le
premier moyen de finance, l'âme des États,
le gage de la victoire constante.

Tout ce qui tend au triomphe du plan d'harmonie générale, que le grand Prince s'était
mis en position d'exécuter, que le pacte de
famille s'est vainement efforcé de reproduire,
intéresse directement les Princes ; Charles X,
et le corps diplomatique, d'accord avec les
Congrès de Vienne et d'Aix-la-Chapelle,
l'Acte irréfragable de la Sainte-Alliance, veulent l'appliquer au nouvel ordre de choses
qui domine la France et l'Univers ; tout ce
qui tend à cette application intéresse prin-
cipalement les sommités de l'ordre social
qu'il s'agit encore de consolider : l'union et

la stabilité ne peuvent résulter que d'un travail opiniâtre, d'une étude constante sur soi-même et sur autrui.

Tout ce qui tend à la réalité, au triomphe de ce plan que Louis XVIII a déclaré être l'objet suprême de ses vœux, de ses efforts, est aussi le plus beau legs qu'il transmettra à ses héritiers, cela intéresse spécialement le plus grand titre de gloire des Bourbons, leur conservation personnelle. J'ose les conjurer, comme je l'aurais fait en 1784, d'en faire une étude approfondie et l'objet d'une volonté spéciale.

Tout ce qui tend à consolider, par un ensemble d'institutions, les droits légitimes des héritiers du trône, ne fut jamais de la compétence exclusive d'un successeur de M. Necker, quelle que puisse être, d'ailleurs, la supériorité de son génie, de ses talens, de son activité. La conservation des immenses droits de la souveraineté réclame donc, sans cesse, l'accomplissement des immenses devoirs des Princes, qui en sont les héritiers présomptifs ; les devoirs n'étant point accomplis, il y a tout lieu de craindre que les droits ne soient point conservés, que les mêmes causes de révolution ne produisent toujours les mêmes effets.

La France est à la tête de la marche du siècle. Les Bourbons sont à la tête de la France; l'âme de Henri IV les encourage, l'Univers les contemple. Puisse-t-il les voir aussi bien commencer et surtout mieux finir que leurs grands aïeux ! Aujourd'hui les principes ne sont point en question, tout dépend de la régularité avec laquelle ils seront appliqués; tout dépend du choix direct des moyens, des institutions, des améliorations qui sont en général reconnus nécessaires; tout dépend de l'exactitude avec laquelle les agens du pouvoir secondent les Princes et honorent leurs prérogatives : il serait bien temps que notre situation cessât de présenter des traits de ressemblance avec celle qui a précédé la bataille de Pavie, et qu'au lieu d'être exposés à dire encore : « Tout est perdu, fors l'honneur, » l'on se trouvât fondé à déclarer que tout est conservé par l'honneur, dont les Princes fournissent le modèle. Une inspiration soudaine peut déterminer un Prince ; mais il faut qu'un grand ensemble d'améliorations soit présenté à son jugement. Les monarchies n'ont pour elles que la force morale ; elles ne peuvent la

conserver que par la concorde et les améliorations qui se trouvent souvent équivoques,
quand elles deviennent chaque jour plus nécessaires.

Les vœux, les besoins de Charles X sont
immenses; il faut, pour les satisfaire, un parti
qui, sous tous les rapports, leur soit proportionné. Par l'ordre, qui doit en être une rigoureuse conséquence, le sort des Etats soumis aux Bourbons ne dépendrait plus des
mauvaises dispositions de la multitude, de la
négligence d'un fonctionnaire, de la dispro-
portion entre les facultés des contribuables et
les besoins du service; le sort de la France, celui de la chrétienté exténuées ne dépendraient
plus du caprice d'un soldat, de la direction
d'un coup de feu. Les Bourbons et leurs
sujets ne seraient plus troublés dans la jouissance d'un crédit qui, de nos jours, est l'âme
des Etats, le gage de la victoire, le vrai domaine éminent des princes, la seule consola-
tion des peuples. Sans nuire à la fortune des
banquiers, l'adoption des institutions proposées mettrait un terme aux nécessités péril-
leuses qui dominent les facultés des sujets,
la propriété, la science, la considération; aux
nécessités qui entraînent les ministres et les

dynastics. Les succès , les maximes du vainqueur de l'Espagne, les vœux, les promesses
de Charles X, et ceux des autorités qui l'ont
félicité , cesseraient d'être, comme les beaux
jours de Louis XVI, des éclairs passagers
qui brillent dans une nuit orageuse. L'esprit
et la lettre des traités seraient observés ; les
Bourbons et leurs sujets auraient assez de
force pour s'opposer à toute violation, ou du
moins pour n'en point être victimes.

Voici de quel ensemble de moyens et d'institutions doit se composer un parti proportionné aux vœux de Charles X.

PREMIÈRE INSTITUTION : *Conséquences des
préceptes du Christianisme, sous le rapport de l'harmonie, du travail et de la
fortune.*

L'anarchie religieuse étant la première
cause de la faiblesse et de la misère qu'il importe de prévenir dans les Etats soumis aux
Bourbons, il serait institué, à Pàris, une réunion d'ecclésiastiques qui travailleraient à généraliser l'observation des préceptes du christianisme, afin qu'il triomphât universellement
de toutes les sectes, notamment de celle de

Mahomet, dont les partisans flétrissent nos lauriers, vexent les Bourbons d'Espagne, prétendent imposer un honteux tribut aux Bourbons de Sicile, égorgent les chrétiens grecs. L'harmonie de tous les catholiques, celle de toutes les communions chrétiennes, ont, sous ces rapports, des besoins impérieux; il est nécessaire d'y pourvoir, sinon les vœux exprimés par le Roi et par le nonce de Sa Sainteté, au nom du corps diplomatique, ne seraient point accomplis; sinon les peuples, encore une fois, ne verraient, dans les actes les plus solennels de la puissance religieuse, que des paroles sans effets, des règles sans observation.

Par une conséquence des mêmes préceptes religieux, tous les chrétiens doivent être mis en position, non-seulement de rendre à Dieu ce qui est à Dieu, mais encore au prince ce qui est au prince. Le Roi veut le bonheur public : il ne peut s'opérer que par un concours unanime et régulier de toutes les facultés; pour cela la puissance spirituelle doit s'unir à la puissance temporelle, afin que chacun soit maintenu et encouragé dans le cercle des devoirs; que la misère, la mendicité, l'oisiveté, l'usure cessent d'offrir les

preuves déplorables de la violation des maximes religieuses, qui prescrivent secours, travail, charité.

Pour atteindre ce but, il serait institué
dans chaque paroisse, commune ou agréga-
tion de mille habitans, un comité de bienfaisance ; dans chaque canton il serait institué
un mont-de-piété, une banque, qui donneraient à toutes les parties du royaume les
avantages que la capitale obtient de ces éta-
blissemens. Par cet ordre, la misère feinte
ne tromperait plus la bienfaisance ; les secours étant attribués avec précision aux besoins de chacun, tous les malheureux seraient
intéressés à se maintenir réciproquement
dans le cercle des devoirs, parce que les
écarts des uns nuiraient directement aux intérêts des autres.

Les résultats de ces moyens, combinés avec
ceux qui vont être indiqués, seraient d'accroître les revenus de la masse des contribuables
de France d'environ quatre millions de francs
par jour de travail, et douze cent millions
par an. Les sujets des Bourbons d'Espagne
et de Sicile ont, sous ces rapports, des besoins encore plus impérieux : notre fortune
leur serait infiniment profitable.

Deuxième Institution : *Conséquence des actes de la restauration et de l'avènement de Charles X.*

Il est nécessaire, pour accomplir les intentions du Roi, que les actes de la restauration, les vœux de Sa Majesté aient l'ascendant qu'ils doivent obtenir ; qu'ils donnent au pouvoir et à tous les rangs l'harmonie nécessaire au bien général, et qu'ils ne soient point exposés à de nouvelles vicissitudes, à de nouveaux obstacles. A cet effet, il serait institué un conseil général d'amélioration, chargé d'examiner, de coordonner tous les plans généraux d'amélioration, de conférer avec les Français zélés qui se consacrent à l'étude des améliorations désirables. Deux des soixante membres de ce conseil y siégeraient depuis six heures du matin jusqu'à minuit.

A ce conseil serait adjoint un bureau général de renseignemens, chargé de recueillir tout ce qui peut intéresser l'ordre public de la part des personnes qui ne veulent point avoir de rapport avec les agens de la police. Deux des quatre-vingts membres de ce bureau seraient en permanence jour et nuit. Ces ins-

titutions, siégeant au Louvre, auraient efficacement concouru à préserver de leurs plus
grandes catastrophes les règnes de Louis XVI
et de Louis XVIII; elles seraient fort utiles
au succès des prières, des vœux, des études
de Charles X.

TROISIÈME INSTITUTION : *Conséquence des
devoirs et du caractère éminent des Princes,
et des lois sur la liberté de la presse.*

Il est nécessaire, pour que les vœux du
Roi soient accomplis sous le rapport de la
confiance que Sa Majesté désire inspirer, que
l'opinion ne soit point faussée dans la connaissance du caractère et des devoirs éminens des princes de la famille des Bourbons et
de leurs alliés. Il est nécessaire que la témérité
des opinions émises par les journaux cesse de
fomenter la discorde, de compromettre les
alliances, les garanties ; en conséquence, il
serait institué une réunion d'écrivains qui,
pénétrés des maximes du gouvernement, de
l'esprit de nos lois, de nos traités, feraient les
publications nécessaires pour que l'opinion,
le crédit public fussent en harmonie, autant
que possible, avec les maximes des princes.

Cette institution, nécessaire au domaine éminent des princes, aurait autant de force qu'en
peut avoir l'opinion universelle pour assurer
le triomphe constant de la légitimité. Au
moyen de cette institution, l'autorité du *Moniteur* pourrait prévenir beaucoup d'erreurs ;
et l'obligation d'insérer le redressement des
torts dans les journaux qui en seraient cou-
pables, préviendrait le désagrément des actions judiciaires.

QUATRIÈME INSTITUTION : *Conséquence de
la déclaration donnée à Vienne, en
mars 1815.*

Un parti sera proportionné aux vœux du
Roi, lorsque Sa Majesté sera en position
d'être arbitre puissant et respecté de l'observation des traités européens qui unissent les
états de la chrétienté, afin d'assurer leurs
fortunes réciproques ; des traités que violent
aujourd'hui manifestement les barbares, des
traités que l'influence secrète d'une puissance jalouse annule insensiblement. Le mémorable traité de Vienne est manifestement
violé lorsque le gouvernement des Pays-Bas
renonce, sur l'ordre des Algériens, à conti-

nuer d'être l'allié des Bourbons d'Espagne; il l'est encore, si une influence secrète nuit aux Bourbons dans la péninsule et l'Amérique. De grands travaux sont nécessaires pour obvier à ces inconvéniens.

C'est aux bons écrits d'abord qu'est réservé l'important devoir de seconder la diplomatie, de montrer à toute la chrétienté quelles doivent être les conséquences de la violation des maximes proclamées à Vienne; de montrer qu'il n'y aura plus rien de sacré dans le monde , lorsque les maximes présentées à l'univers comme une ancre de salut, et cimentées du sang de tant de braves à Waterloo, sont manifestement violées par une puissance aussi faible et aussi absurde que celle du dey d'Alger, du sultan de Constantinople et de quelques fauteurs de l'anarchie. Il serait institué, outre le comité d'écrivains chargé tous les jours de l'accomplissement de ce devoir, un prix de dix mille francs et autres récompenses pour être décernés , le jour de la fête du Dauphin, au meilleur ouvrage qui serait publié sur les moyens d'arriver à l'observation complète et constante de l'esprit et la lettre du traité de Vienne. Ces ouvrages devraient aussi montrer que Charles X, et son fils, persévèrent dans cette maxime de Henri IV, retracée par Sully : « Le plus » grand, le plus solide avantage est d'acqué- » rir le droit d'être regardé comme le bien- » faiteur de l'Europe. » Cette maxime doit corroborer le principe fondamental de la dé- claration de Vienne, portant : « Qu'il n'y a » de bonheur réel pour les États comme » pour les individus, que dans le bien-être » de tous. » La France a besoin d'être assez forte, moralement et physiquement, et de répandre assez de lumières pour que ce prin- cipe cesse d'être violé ou méconnu au préju- dice des Bourbons.

Cinquième Institution : *Conséquence ri- goureuse de la Sainte-Alliance, du pacte de famille, et du plan que Henri-le- Grand s'était mis en position d'exécuter.*

Il est nécessaire à l'accomplissement des vœux de Charles X, que Sa Majesté ait, sur le nouvel ordre des affaires humaines, un ascendant tel, que la Sainte-Alliance soit en- fin plus efficace que ne l'ont été la conception de Henri-le-Grand, le pacte de famille dont elle devrait être le perfectionnement. Les institutions que nous venons de proposer doivent concourir puissamment à ce que les grandes œuvres de toute légitimité soient mieux comprises et mieux suivies. Tous les moyens seraient pris avec une grande activité, une sagesse éclairée, pour que le roi de France tienne, dans la Sainte-Alliance, le rang qui appartient au représentant de Saint-Louis, de Charles-le-Sage, de Henri IV, de Louis XIV, de Louis XVI et Louis XVIII.

Il serait fondé une institution par laquelle le corps diplomatique, réuni à Paris, obtiendrait graduellement, sur les affaires de la chrétienté, l'ascendant que doit obtenir un congrès européen destiné à les régler, ou du moins à en préparer la conciliation sous l'approbation des cabinets. C'est en tous lieux, sans doute, que, par une sagesse éclairée, dont le corps diplomatique a proclamé les avantages, que les intérêts des puissances doivent être balancés conformément à l'esprit et à la lettre de la Sainte-Alliance; mais le corps diplomatique réuni à Paris, en offre les principaux moyens. A cet effet il serait accordé au ministre des affaires étrangères, un supplément de quatre millions; une des résidences royales serait affectée à la réunion des membres du corps diplomatique, et de tous les documens nécessaires au succès préliminaire de cette institution européenne. Il serait consacré annuellement deux cent mille francs pour récompenser (le jour de la fête du Roi) les travaux, les écrits qui seraient jugés avoir la plus grande influence sur le développement des facultés qui peuvent assurer l'application universelle des préceptes généreux de la Sainte-Alliance. Cette influence serait combinée avec le plan que Henri-le-Grand s'était mis en position d'exécuter, et qui est très bien retracé par les Mémoires de Sully, mis en style moderne par l'abbé de l'Ecluse. Les caractères de force, de prévoyance et d'habileté développés par Henri-le-Grand, offrent les plus précieux modèles.

SIXIÈME INSTITUTION : *Conséquence de la déclaration d'Aix-la-Chapelle, coordonnée avec l'édit de 1599, les vœux de Charles X, et les maximes de monseigneur le Dauphin.*

Il est nécessaire à l'accomplissement des vœux de Charles X, comme il l'était à ceux

de Louis XVIII, que la déclaration d'Aix-
la-Chapelle donne les résultats promis, et
que le royaume très chrétien devienne enfin
le principe, le modèle et la garantie de l'exécution des traités qui doivent régler le cours
des destinées humaines ; c'est le meilleur
moyen de justifier le droit d'intervention,
d'assurer tous les fruits de nos triomphes en
Espagne, de reconquérir nos colonies. En
conséquence, il serait fondé à Paris un conseil supérieur des arts, de la paix, qui doivent
fermer et les plaies et le gouffre des révolutions. Monseigneur le Dauphin serait président de ce conseil ; les motifs de l'édit de 1599
y seraient gravés en lettres d'or ; une loi serait présentée pour mettre, en 1825, à la
disposition du Prince, le surcroît des produits
de l'enregistrement qui excède la quotité fixée
par le budget de 1824, et les revenus du fonds
d'amortissement que laisseraient disponibles
les rentiers qui se refuseraient à la conversion
et au remboursement. La loi porterait que,
dans le cas où ces deux allocations excéde-
raient la somme de cinquante millions, le
surplus serait versé au trésor public. Le conseil dont les travaux seraient spécialement
consacrés à fermer les plaies et le gouffre des

révolutions, suivant le vœu exprimé au Roi par les Chambres législatives, en 1824, distribuerait les indemnités, les encouragemens, les avances nécessaires pour que les facultés des sujets puissent obtenir les améliorations reconnues possibles et nécessaires ; évaluées numériquement, elles doivent, chaque année, donner aux contribuables douze cent millions en revenus directs, et à l'État deux cents de bénéfice réel dans ses revenus indirects. Il serait fondé, sous la protection de monseigneur le Dauphin, à Chambord, et sur d'autres points du royaume, des modèles de culture et d'industrie, des greniers d'abondance, des associations d'utilité générale.

Le résultat des améliorations, doublant les facultés des sujets qui doivent acquitter la dette publique, son fardeau serait de moitié moindre. Lorsqu'au besoin, de nouveaux emprunts deviendraient nécessaires, ils seraient moins onéreux. Le Prince qui a triomphé de l'anarchie en Espagne, donnerait à ses victoires un ascendant universel. Il augmenterait le domaine éminent des Bourbons avec le domaine utile de leurs sujets.

Septième Institution : *Conséquence du protocole des conférences d'Aix-la-Chapelle, qui constate de nouvelles vérités.*

Il est nécessaire à l'accomplissement des vœux de Charles X, que sa puissance obtienne les résultats que lui offrent, sous le rapport des moyens de crédit et de finance, les vérités exprimées dans le protocole des conférences d'Aix-la-Chapelle ; elles sont constatées par les effets miraculeux de la réciprocité financière, des bienfaits de la circulation des signes représentatifs dans le monde civilisé. Les ministres du royaume très chrétien, ayant déclaré, dans la dernière session des Chambres, que le crédit est l'âme de l'État, le gage de la victoire ; cette âme, ce gage, méritent les plus grands soins. Une conséquence rigoureuse des vérités, des épreuves, des assertions recueillies par l'univers, est que la puissance du crédit se trouve avoir une bien plus grande importance que celle de battre monnaie ; et que, dès-lors, le gouvernement du Roi très chrétien ne doit point l'abandonner au hasard, à toutes les opinions, à toutes les religions. Le Prince doit être le protecteur et le modérateur suprême du crédit, afin que son domaine éminent ne se trouve jamais plus faible que le domaine utile des banquiers, sinon, il y aurait symptôme d'anarchie morale et financière, et insensiblement anarchie absolue.

Il serait institué, pour régulariser les développemens du crédit français, une banque dans tous les chefs-lieux de départemens, et, successivement, des succursales dans tous les chefs-lieux d'arrondissemens. Ces banques émettraient les signes représentatifs nécessaires à la circulation; elles feraient, pour toutes les facultés utiles, ce que la banque de France a fait pour le commerce de Paris, et ce que font de bien toutes les institutions de même genre en Angleterre, en Saxe, en Russie, et dans les autres pays. Les banques seront établies par actions; il est à désirer que les princes donnent l'exemple des souscriptions, comme on le voit dans les Pays-Bas où, depuis un an, les actions gagnent 70 pour cent.

Il serait institué dans le conseil-d'État une nouvelle section destinée aux travaux et projets de lois nécessaires pour la parfaite organisation du crédit en France. La section du crédit ferait, chaque mois, un rapport au Roi, et chaque année, un rapport général destiné à la publicité.

Huitième Institution : *Légitime conséquence des avantages obtenus par la banque de France, qu'il importe d'étendre au gouvernement et à la grande propriété.*

Il serait institué, à Paris, une banque royale dans laquelle le crédit du gouvernement s'unirait à celui de la grande propriété, d'abord jusqu'à la concurrence de cent millions. Puis, et successivement, l'union du crédit produirait les valeurs représentatives nécessaires à la circulation générale du royaume, afin d'obvier aux inconvéniens du transport de l'argent. Toutes les mesures seraient prises pour que les valeurs de la banque royale fussent, dans toutes les parties du monde civilisé, préférées à l'or et à l'argent ; la possibilité de mériter cette préférence est facile à démontrer, elle ne doit éprouver d'obstacles que dans la violation des traités. L'honneur des princes français ne doit point être stérile ; il brille comme le père de la nature, il anime les grands propriétaires, il doit offrir ses fruits nécessaires à la chrétienté.

Depuis dix ans les bons exemples ont produit un surcroît de revenus agricoles égal à quatre cent millions, sous le rapport des prai-

ries, des plantes légumineuses, des planta-
tions, du bétail, des vins et autres branches
d'améliorations: nous en sommes forts; et ce
malgré des circonstances plus défavorables;
plus ruineuses, que n'ont pu être étendus les
encouragemens et les avances du gouvernement. Ces améliorations sont loin du terme
qu'elles peuvent atteindre comparativement
à celles de l'Angleterre, dont le commerce
intérieur est à celui de l'extérieur, dans la
proportion de 32 à 1, ainsi que l'indiquent
plusieurs autorités, et comme l'a démontré
M. Pitt. Les travaux agricoles ont produit ces
améliorations qui se trouvent plus avanta-
geuses pour la France que ne le serait la pos-
session d'une colonie ou d'une conquête de
territoire égale aux Indes anglaises. MM.
Smith, Colqhoum, Mill, Robert Hamilton,
d'Harcourt, Lafitte, Say, présentent des
preuves de ces assertions; elles sont de la
plus haute importance pour les Bourbons,
leurs sujets et tous les peuples civilisés. De
telles sources de richesses sont les plus fé-
condes, de telles bases de crédit sont plus
solides qu'aucune autre, puisque, dans un
temps de la plus grande détresse, les effets
souscrits par les grands propriétaires, jusqu'à
la concurrence de cent millions, ont repré-

senté une telle somme numérique. Maintenant il est certain qu'en temps de prospérité, le crédit de ces effets serait inaltérable lors même qu'il s'élèverait à quatre cent millions; l'adversité ne ferait que rendre plus sensible la puissance de cette union. Le gouvernement échangerait, par la médiation de la banque royale, d'abord la valeur de cent millions admissibles dans toutes les caisses, contre une pareille somme d'obligations des grands propriétaires, remboursable en dix ans et produisant quatre pour cent d'intérêt. Une discussion approfondie prouverait qu'avant l'expiration des dix années le gouvernement aurait en bénéfice, par les revenus indirects, plus que la somme prêtée, lors même qu'elle s'élèverait à quatre cent millions.

La recette et la dépense de l'Etat exigent une circulation de deux milliards quatre cent millions; les recettes et dépenses de l'agriculture et des arts de la paix exigent une circulation de plus de vingt milliards. De l'activité ou de la faiblesse d'une telle circulation dépendent l'ascendant ou l'impuissance de l'Etat, dans l'ordre des choses qui dominent l'univers. Cette union de crédit et les avantages qu'elle doit produire étant décisifs en faveur des Bourbons, on doit s'attendre qu'elle sera en butte à tous les efforts de l'anarchie et des conspirations intérieures et extérieures, comme toute la fortune même des Bourbons. Il est à observer aussi, que la force réciproque des institutions proposées agirait avec une puissance inconnue jusqu'à ce jour pour triompher des efforts de l'anarchie et de toutes les conspirations. Des vérités importantes sont à développer sur ces points.

Plusieurs écrivains anglais, et notamment MM. H. Thornthon et Lauderdale, ont tracé, il y a vingt ans, quels devaient être les effets du crédit. Tous les événemens annoncés par ces écrivains ont justifié leur prévoyance avec une étonnante précision. Dans le même temps, tous les écrivains français annonçaient la chute et l'impuissance du crédit anglais, et jamais annonce ne fut plus sévèrement condamnée. Après avoir opéré des prodiges dans la guerre, où il a triomphé, le crédit anglais opère des prodiges encore plus brillans dans la paix, où il triomphe de nouveau; presque tous les états deviennent les tributaires de ce crédit; plus que le génie et la force militaire, il règle le cours de nos destinées.

Fondés à craindre que les ennemis de la France ne nous comprennent encore mieux que ses amis, cela nous empêche d'expliquer plus clairement l'ensemble des institutions indiquées, le parti proportionné aux vœux de Charles X. Cependant il faut ajouter quelques traits de lumières afin d'inspirer au moins l'idée de nous écouter dans quelques conférences, et de lire quelques manuscrits que nous sommes à même d'offrir.

Par le parti proportionné à ses vœux, Charles X aurait pour garantir leur accomplissement, une puissance morale et physique toujours croissante. Des sujets unis par la force d'un intérêt, d'une confiance réciproques et d'une prospérité inaltérable, formeraient un concours tout puissant pour réaliser les intentions solennelles du Roi très chrétien, et pour améliorer le sort de sa famille. Les revenus indirects du royaume, accrus de deux cent millions, donneraient à notre diplomatie, à notre littérature, des moyens plus efficaces d'assurer constamment l'exécution des traités ; au besoin, notre marine et notre armée pourraient être doublées, sans détriment pour nos moyens de prospérité intérieure. Les propriétaires auraient la facilité d'avoir une réserve de subsistances égale à la consommation d'un an, afin que, dans tous les cas, l'abondance précède l'accroissement de la population du royaume; chaque Français étant même réellement, dans sa sphère, plus heureux qu'il ne l'est aujourd'hui. L'état formerait une réserve de quatre cent millions en valeurs, qui, sur tous les points du monde civilisé, seraient préférables à l'or et à l'argent.

Quatre des institutions soumises pour obtenir ces résultats, seraient l'objet de propositions de lois à la prochaine session des Chambres; le surplus des institutions serait fondé par ordonnances royales, en vertu de l'article 14 de la Charte constitutionnelle, de l'article 6 de la loi de finance d'août 1824, et des autres lois anciennes et modernes qui règlent les attributions du gouvernement du Roi. Le plan de ces institutions, discuté, élaboré par le conseil, serait adressé aux pairs et aux députés; les mesures convenables seraient prises pour, qu'étant mentionné dans le discours d'ouverture des Chambres, leurs réponses continssent une adhésion formelle. Beaucoup d'autres avantages peuvent encore résulter de l'examen d'un parti proportionné aux vœux de Charles X; de l'impulsion universelle et régulière qu'il donnerait à la confiance, les effets proportionnés venant constater la puissance des intentions.

Ce plan, ce parti est un effet nécessaire de l'élévation où s'est placé Charles X, comme il l'aurait été de celle où se trouvait Louis XVI en 1785. Dans le cas où l'on jugerait encore, sans entendre l'auteur, le plan impraticable, la précipitation de ce jugement frapperait sur les règles même dont le parti est une conséquence. Comme alors le parti sera en butte à la vaste conspiration qui tend à faire déchoir les Bourbons de leur rang suprême, à compromettre leur sort. Mais de même qu'il était préférable pour toute la chrétienté, surtout pour les favoris de Louis XIII, de suivre la marche tracée par Henri-le Grand, au lieu d'y être ramenée par les dures leçons d'un siècle de malheur; de même il vaut mieux, dès ce jour, suivre avec fermeté les traités européens, les actes de l'avènement de Charles X, au lieu de s'exposer au danger de nouvelles leçons. Alors régnera universellement la confiance invoquée par le monarque; toutes les facultés du royaume augmenteront de moitié; le cours de la rente s'élèvera de 102 à 150 francs.